Impressum
Verlag: BABADADA GmbH, Nedderfeld 112 , 22529 Hamburg
Geschäftsführer / Verlagsleitung: Harald Hof
Druck: Books on Demand GmbH, In de Tarpen 42, 22848 Norderstedt

Imprint
Publisher: BABADADA GmbH, Nedderfeld 112 , 22529 Hamburg, Germany
Managing Director / Publishing direction: Harald Hof
Print: Books on Demand GmbH, In de Tarpen 42, 22848 Norderstedt, Germany

ikigo c' amashure

سکول

ishure
کلاس روم
kugabura
تقسیم
186/2
urubaho
بورڈ
ikibuga c' ishure
سکول نا میدان
umwigisha
استاد
urukaratasi
کاغذ
kwandika
لکھنا
ikaramu
قلم
ameza yo kwandikirako
میز
agacamurongo
سکیل
igitabo
کتاب
umunyeshure
شاگرد

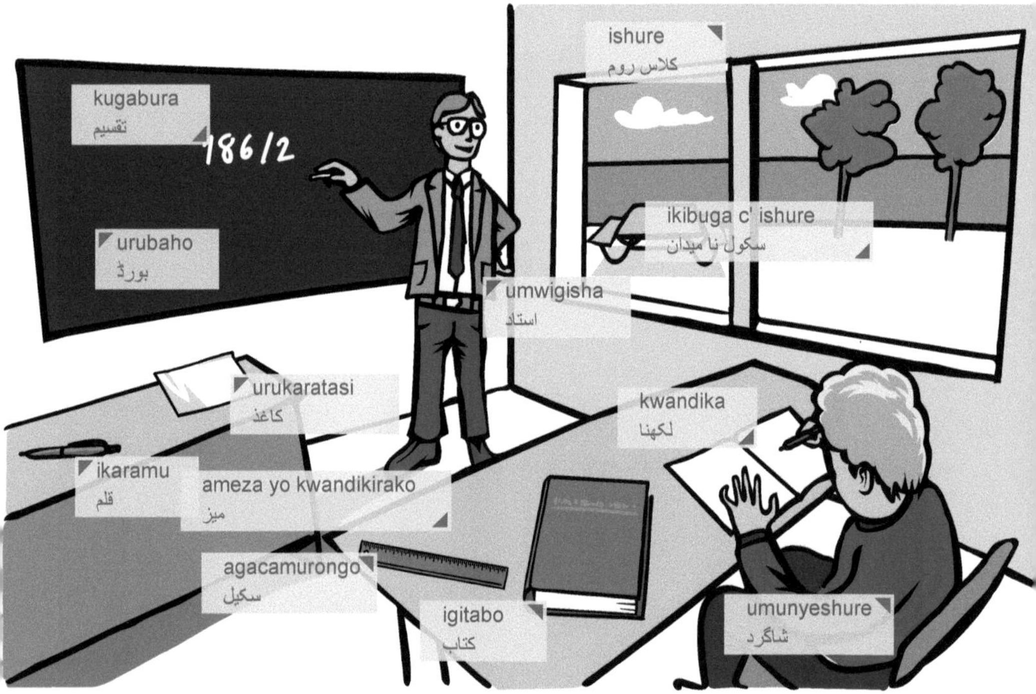

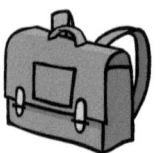

isakoshi y'' ishure

جزدان

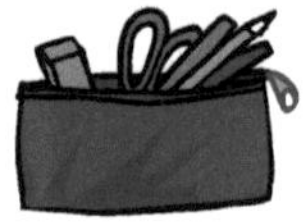

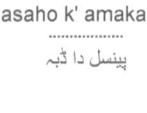

agasaho k' amakaramu

پینسل دا ڈبہ

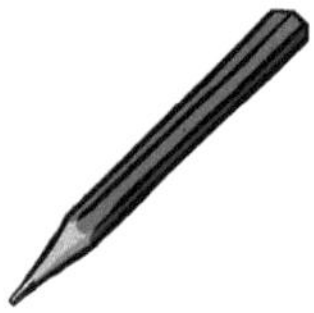

ikaramu y igiti

پینسل

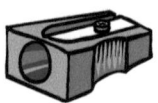

agasongozo k ikaramu y igiti

پینسل شارپنر

igome

ربر

ikaye yo gucapamwo

ڈرائنگ پیڈ

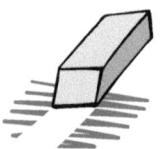

igicapo

ڈرائنگ

ikaramu bacapisha irangi

پینٹ برش

agasandugu kamabara

پینٹ باکس

imikasi

قینچی

kore

گلو

ikaye y' imyimenyerezo

مشقی کتاب

imyimenyerezo yo muhira

گھر دا کم

igiharuro

عدد

guteranya

جمع

gukuramwo

تفریق

kugwiza

ضرب

guharura

کیلکولیٹ

urudome

خطرہ

indome

حروف تہجی

ijambo

لفظ

igisomwa

متن

gusoma

پڑھنا

ingwa

چاک

icigwa

سبق

igitabo c' ishure

رجسٹر

ikibazo

امتحان

impamyabushobozi

سند

impuzu y' ishure

سکول نی وردی

kwiga

تعلیم

kazinduzi

انسائیکلوپیڈیا

kaminuza

یونیورسٹی

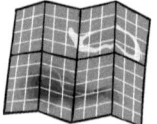

mikorosikopi

مائیکرو سکوپ

ikarata

نقشہ

agaseke bajugunyamo
amakaratasi

کچرے نا ڈبہ

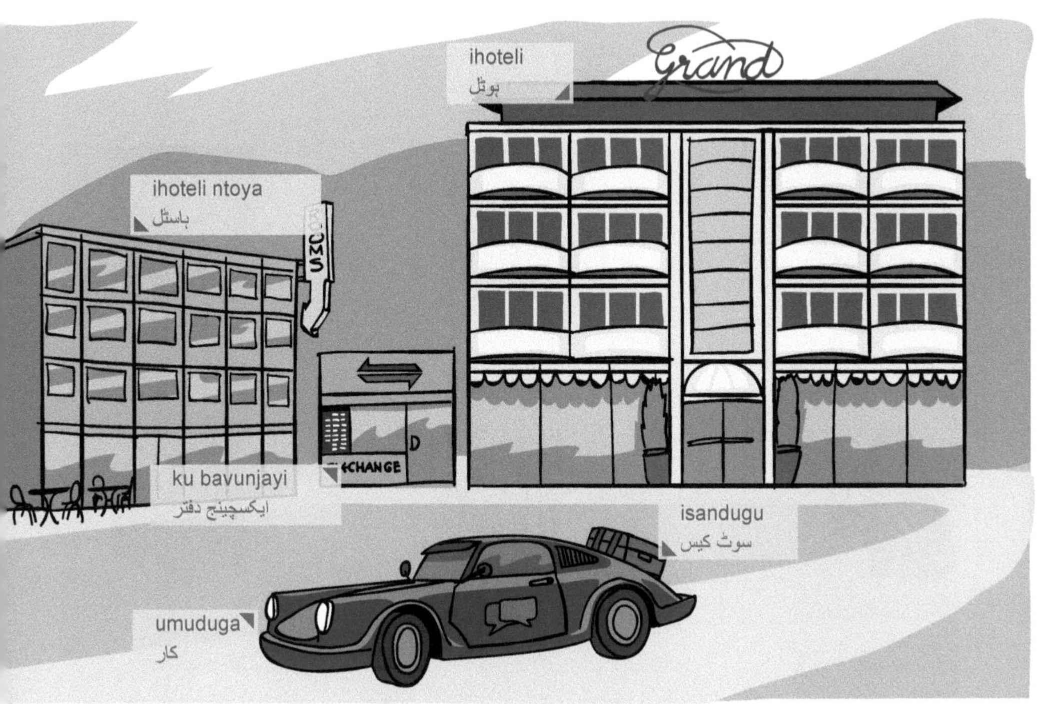

ihoteli
ہوٹل
Grand
ihoteli ntoya
ہاسٹل
ROOMS
ku bavunjayi
ایکسچینج دفتر
EXCHANGE
isandugu
سوٹ کیس
umuduga
کار

ururimi
بولی

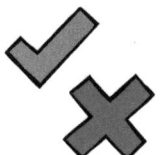

ego / oya
ہاں /نئیں

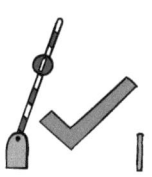

ego
ٹھیک ہے

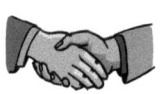

amahoro!
اسلام و علیکم

umuntu asigura
ترجمان

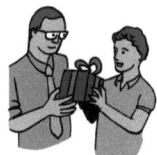

ndashimye
شکریہ

ni angahe?

ایہہ کنے نے ؟

sindabitahura

می سمجھ نئیں رلی

ingorane

مسئلہ

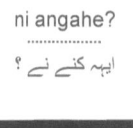

mwiriwe!

اسلام و علیکم

mwaramutse

اسلام و علیکم

ijoro ryiza!

اللہ حافظ

nakagaruka

اللہ نے حوالے

inzira

سمت

imizigo

سامان

igapo

بیگ

isaho baheka mu mugongo

بیک پیک

umushitsi

مہمان

icumba

کمرہ

umufuko wo kuraramo mu
rugendo

سلیپینگ بیگ

ihema

خیمہ

kumenyesha ingenzi

سياح لئی معلومات

ku musenyi

ساحل سمندر

ikarata y' amahera

کریڈٹ کارڈ

ifunguro rya mugatondo

ناشتہ

ifunguro ryo ku murango

دوپہر نا کھانا

ifunguro ry 'ijoro

رات نا کھانا

itike

ٹکٹ

ingazi y' umuyagankuba

لفٹ

umukono

مہر

umupaka

بارڈر

duwane

کسٹمز

ubuserukizi bw' igihugu

ایمبیسی

viza

ویزا

pasiporo

پاسپورٹ

gutwara abantu n' ibintu

ٹرانسپورٹ

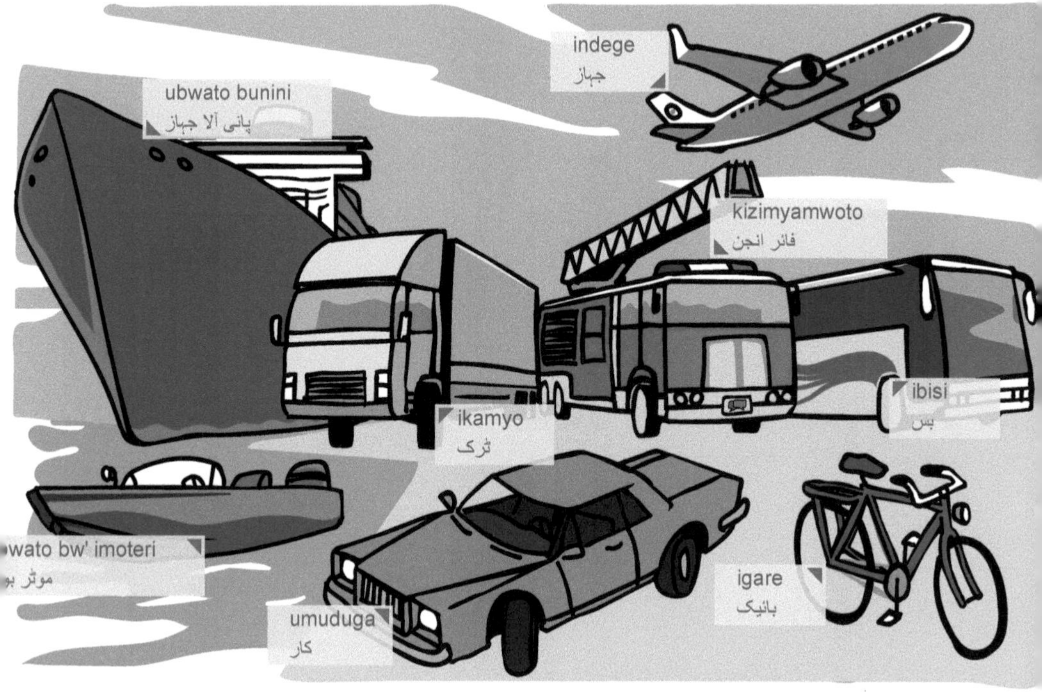

indege
جہاز
ubwato bunini
پانی آلا جہاز
kizimyamwoto
فائر انجن
ibisi
بس
ikamyo
ٹرک
wato bw' imoteri
موٹر بو
igare
بائیک
umuduga
کار

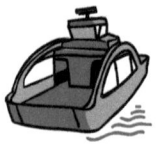

ubwato bunini

فیری

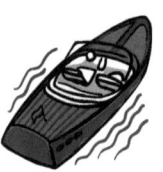

ubwato

کشتی

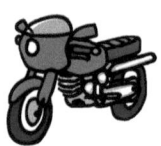

ipikipiki

موٹر بائیک

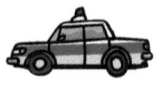

umuduga w' igipolisi

پولیس کار

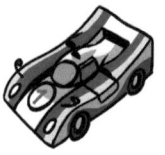

umuduga wa kuruse

ریسنگ کار

umuduga bakodesha

کرایہ نی گڈ

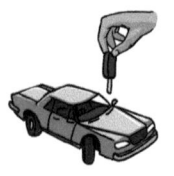

gukoresha imodoka imwe muri benshi

کار شینرنگ

uruduga ruheka izindi

بریک ڈاؤن ٹرک

umuduga utwara umucafu

ریفیوز ٹرک

imoteri

موٹر

igitoro

فیول

ubunywero bw'ibitoro

پٹرول سٹیشن

ibirango vyo ku mabarabara

ٹریفک سائن

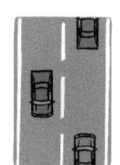

uruja n' uruza

ٹریفک

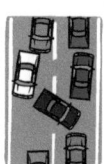

akajagari k' imiduga mw' ibarabara

ٹریفک جام

igituro c' imiduga

کار پارک

igituro ca gari ya moshi

ریل سٹیشن

ibarabara rya gari ya moshi

ٹریکس

gari ya moshi

ریل

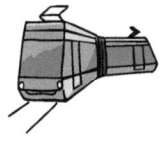

gari ya moshi bita tram

ٹرام

igipande ca gari ya moshi

کیرج

kajugujugu

بیلی کاپٹر

ikibuga c' indege

ائر پورٹ

umunara

مینار

ingenzi

مسافر

konteneri

کنٹینر

ikarato

کاٹن

isharete

چھکڑا

icibo

بالٹی

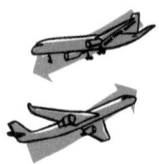

kuguruka / kugwa

اڑنا / لپنا

igisagara

شہر

umutumba

پنڈ

hagati mu gisagara

سٹی سینٹر

inzu

کھار

ireresi
سینما
kumenyekanisha
مشہوری
CINEMA
itara ryo kw' ibarabara
سٹریٹ لیمپ
ibarabara
گلی
itagisi
ٹیکسی
kioske
سنیک شاپ
umunyamaguru
پیدل چلن آلے
ikibanza c' abanyamaguru
سلیب
imirongo yo mw'ibarabara y'abanyamaguru
زیبرا کراسنگ
ubere yo kw'ibarabara
amatara yo kw' ibarabara ayobora imiduga n' ingenzi
ٹریفک لائیٹس

akazu k' ikirundi

ہٹ

aparitema

فلیٹ

igituro ca gari ya moshi

ریل سٹیشن

meri

ٹاؤن ہال

MUSEUM

iratiro ry' ivyakera

میوزئیم

ikigo c' amashure

سکول

kaminuza

یونیورسٹی

ibanki

بنک

ibitaro

ہسپتال

ihoteli

ہوٹل

farumasi

فارمیسی

ibiro

دفتر

aho badandaza ibitabo

کتب خانہ

akaduka

ہٹی

umudandaza w'amashugwe

پھولاں الے

supermarshe

سپر مارکیٹ

isoko

بازار

iduka

ڈیپارٹمنٹ سٹور

umudandaza w' amafi

مچھیرے

ihuriro ry'amaduka

شاپنگ سینٹر

ikivuko

بندرگاہ

ikibanza batemberamwo

پارک

intebe ndende

بنچ

ikiraro

پل

ingazi

سیڑھیاں

gari ya moshi bita métro

انڈر گراؤنڈ

ibarara ry' indani y' isi

ٹنل

igituro c' amabisi

بس سٹاپ

ubunywero

بار

resitora

ریسٹورنٹ

ahaja amakete

پوسٹ بکس

ikirango co kw' ibarabara

سٹریٹ سائن

isaha yo ku gituro c' imiduga

پارکنگ میٹر

iratiro ry' ibikoko

چڑیا کھار

pisine

سونمنگ پول

umusigiti

مسجد

ubwororero

فارم

konona ibidukikije

آلودگی

akaburi

قبرستان

kw'isengero

چرچ

ikibuga

پلے گراؤنڈ

inyubako za kera bita temple

مندر

imisozi

منظر

ikibabi

پتہ

ivyapa

سائن پوسٹ

inzira

راہ

ubwatsi bita gazon

سر سبز میدان

ibuye

پتھر

umuntu atembera kure n' amaguru

بانکر

igiti

درخت

uruzi

دریا

ubwatsi

گھاس

ishugwe

پھل

ikiyaya

وادی

umusozi

پہاڑی

ikiyaga

نہر

ishamba

جنگل

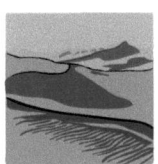

ubugaragwa

صحرا

ikirunga

آتش فشاں

ishato

قلعہ

umunywamazi

رین بو

ikizinu

کھمبی

ikigazi

پام ٹری

umubu

مچھر

isazi

مکھی

urutozi

چیونٹا

uruyuki

مکھی

igitangurigwa

مکڑی

agakoko gato bita
coléoptère
بھونرا

igikere
مینڈک

agakoko bita écureuil
گلہری

ikinyogote
سیہہ

urukwavu
ساہیا

igihuna
الو

inyoni
پرندہ

imbata
راج ہنس

ingurube y' ishamba
نر سور

idubu
برن

igikoko bita élan
بارہ سنگا

urugomero
ڈیم

icuma gitanga
umuyagankuba
وِنڈ ٹربائن

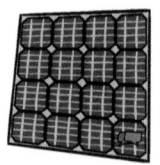

ikimuri c' imishwarara
شمسی توانائی دا پینل

igihe
آب و ہوا

umukozi wo muburiro n'ubunywero
ویٹر

ikarata y' indya
مینیو

intebe
کرسی

isupu
سوپ

piza
پیزا

ibikoresho vyo kumeza
پھانڈے

igitambara c' ameza
میز نا کپڑا

indya y' ibanze

سٹارٹر

indya nkuru

مین کورس

deseri

ڈیزرٹ

inyobwa

مشروب

infungugwa

کھانا

icupa

بوتل

infungugwa batekanye ingoga

فاسٹ فوڈ

Infungugwa barya bagenda

سٹریٹ فوڈ

ibirika y' icayi

ٹی پاٹ

agakopo k' isukari

شوگر بول

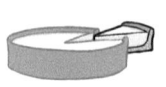

igipande c' indya

پورشن

imachini ikora espresso

اسپریسو مشین

intebe ndende

ہائی چیئر

inyemazabuguzi

بل

ako batwarako infungugwa

ٹرے

imbugita yo kumeza

چھری

ikanya

کانٹا

ikiyiko

چمچ

akayiko k' icayi

ٹی سپون

seriviyeti

تولیہ

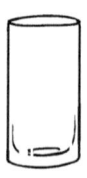

ikirahuri

گلاس

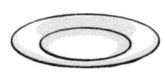

isahani

پلیٹ

isahani y' isupu

سوپ پلیٹ

isutasi

ساسر

isosi

چٹنی

akanyanyagiza umunyu ku ndya

نمک دانی

agasya ipiripiri

پیپر مل

vinaigre

سرکہ

amavuta

تیل

indyoshandya

مصالحہ

kecapu

کیچپ

mutaride

سرسپینوں

mayoneze

مینیز

supermarshe

سپر مارکیٹ

ivyagabanyijwe igiciro
سپیشل آفر
FOR
umuguzi
گاہک
ibiva ku mata
ڈیری
icamwa
پھل
agakinga ko mw' iduka
ٹرالی

BUTCHERS

amacuniro
قصائی

BAKERY

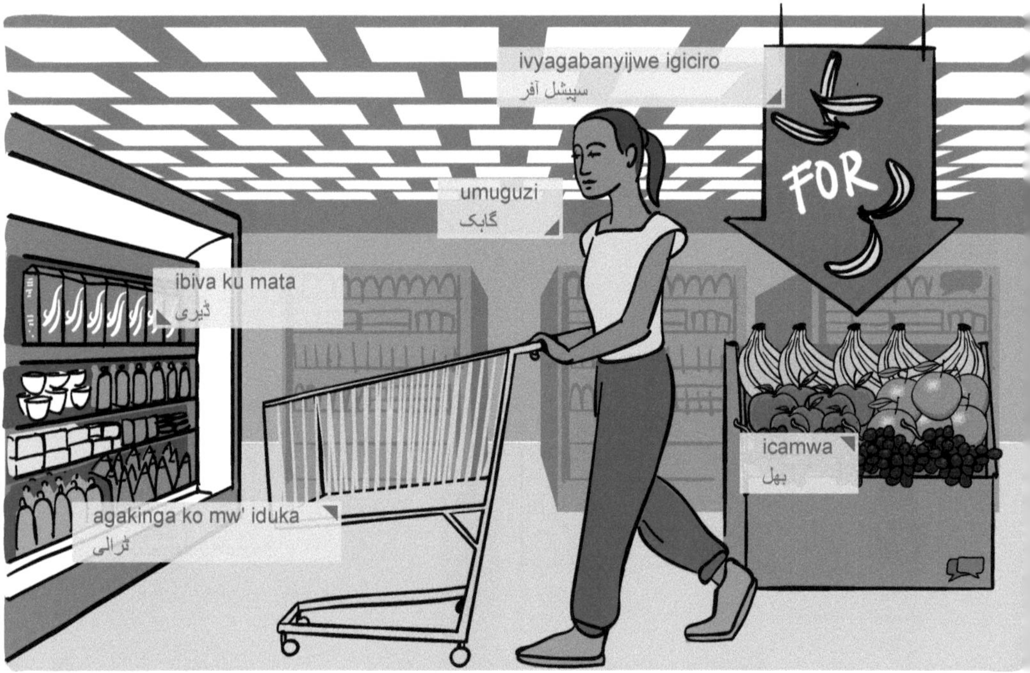

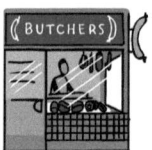

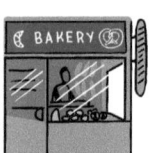

iburangeri
بیکرز

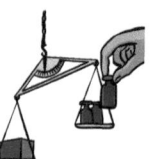

gupima
وزن

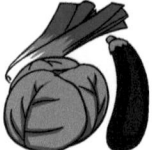

imboga
سبزیاں

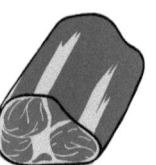

inyama
گوشت

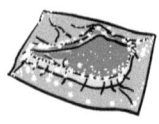

Imfungurwa zikanye cane
فروزن فوڈ

infungugwa bita charcuterie
en tranches

کولڈ گوشت

amafunguro yo mu
mabwate

ٹن فوڈ

isabune yo kumesura

واشنگ پوڈر

ibisosa

مٹھائی

ibikoresho vyo muhira

کھار دیاں چیزاں

ibikoresho vy'isuku

صفائی آلی چیزاں

umudandaza

سیل مین

kese

ٹل

umuntu yakira amahera

کیشنیر

urutonde rw' ibidandazwa

شاپنگ لسٹ

amasaha yo kugurura

کھلن دا ویلا

ingodomoni

پرس

ikarata y' amahera

کریڈٹ کارڈ

isakoshe

بیگ

ishakoshe ya parastike

پلاسٹک بیگ

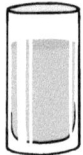

amazi

پانی

umutobe

جوس

amata

ددھ

koka

کوک

umuvinyo

شراب

ikiyeri

شراب

inzoga

شراب

kakao

کوکا

icayi

چا

ikawa

کافی

ikawa yitwa espresso

اسپریسو

ikawa yitwa kapucino

کیپچینو

umuhwi

کیلا

ipome

سیب

umucungwe

موسمبی

icamwa bita melon

تربوز

indimu

نیمبو

ikaroti

گاجر

igitungurusumu

لہسن

umugano

بانس

igitunguru

پیاز

ikizinu

کھمبی

ibiyoba

میوے

amakaroni

نوڈلز

spagetti

سپیگیٹی

umuceri

چاول

isarade

سلاد

ifiriti

چپس

ifiriti

تلے ہوئےآلو

piza

پیزا

hamburugere

ہیم برگر

sandwich

سینڈوچ

infungugwa bita escalope

تکے

jambo

ہیم

salami

سلامی

isosiso

ساسیج

inyama y' inkoko

مرغی

umusoso

بھنیا ہویا

ifi

مچھی

infungugwa bita flocons d'
avoine

جو نا دلیہ

imfungugwa bita müsli

مولی

infungugwa bita corn -
flakes

کارن فلیکس

ifarini

آٹا

umukate bita croissant

کرائسنٹ

umukate muto

بریڈ رول

umukate

روٹی

umukate bashusha

ٹوسٹ

ibisuguti

بسکٹ

amavuta

مکھن

iforomaji yera

دہی

igato

کیک

irigi

انڈا

amafunguro bita oeuf au
plat

تلیا انڈا

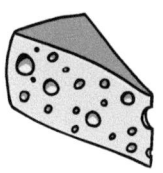

iformaji

پنیر

infungugwa bita crème
glacée
أيس كريم

isukari
چینی

ubuki
شہد

ikonfitire
جام

imfungugwa bita praliné
چاکلیٹ سپریڈ

infungugwa bita curry
سالن

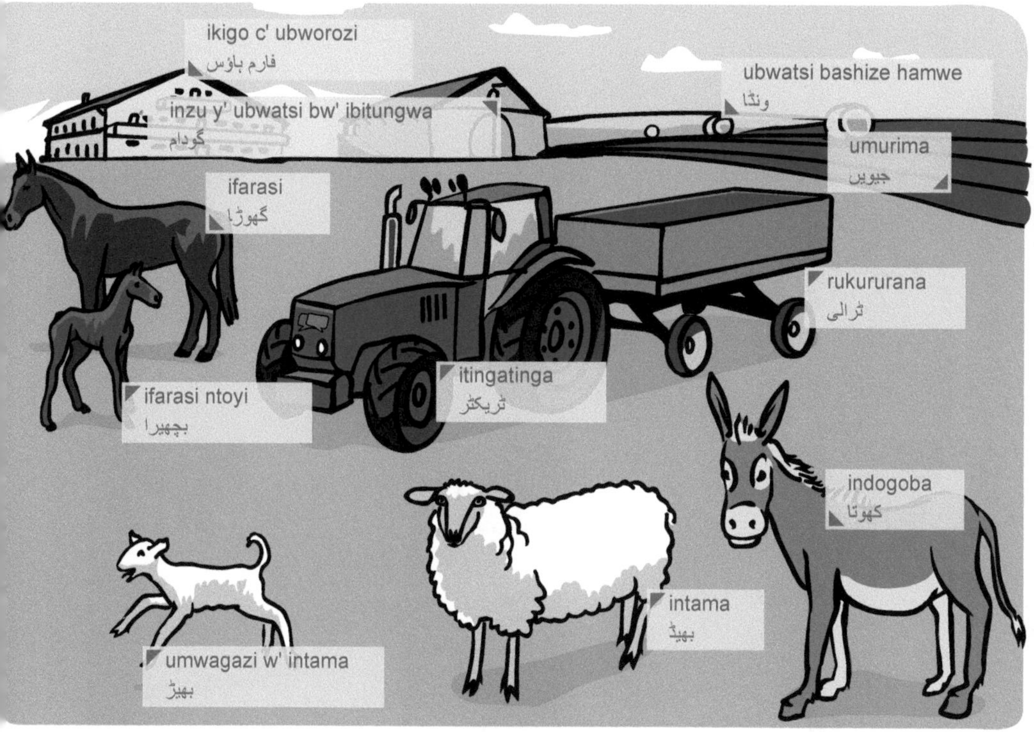

ikigo c' ubworozi
فارم ہاؤس

inzu y' ubwatsi bw' ibitungwa
گودام

ubwatsi bashize hamwe
ونڈا

umurima
جیوین

ifarasi
گھوڑا

rukururana
ٹرالی

ifarasi ntoyi
بچھیرا

itingatinga
ٹریکٹر

indogoba
کھوتا

intama
بھیڈ

umwagazi w' intama
بھیڑ

impene

بکری

inka

گاں

inyana

بچھڑا

ingurube

سور

ikibuguru

پگ لیٹ

impfizi

بیل

inyoni yitwa oie

بطخ

imbata

بطخ

umuswi

چوزه

inkokokazi

مرغی

isake

مرغا

imbeba nini

چوہا

akayabu

بلی

imbeba

چوہا

ishuri

بیل

imbwa

کتا

umusaka w'imbwa

کتے نا کھار

umuringoti wo kuvomerera
umurima

لان نا پائپ

ico bakoresha basukira
amashurwe

پانی نا ڈبی

urukero

درانتی

majagu

ہل

umuhoro

درانتی

isuka

ہو

ikinyanyagiza ibitabizo irya n'ino

ترنگل

ishoka

کوباڑی

inkorofani

ریڑھی

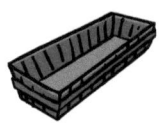

ubwato

ڈونگا

icansi

ددھ نا ٹبہ

umufuko

بورا

urugo

باڑ

indaro y' ibitungwa

اصطبل

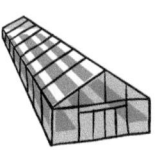

utuzu bashusha kugirango ibimera birimwo bikure

گرین باؤس

isi

مٹی

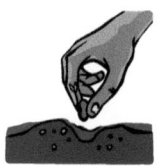

imbuto

بیج

ifumbire

کھاد

imashini yimbura

کمبائن ہارویسٹر

kwimbura

فصل

umwimbu

فصل

infungugwa bita igname

يامز

ingano

كنك

isoya

سويا

ikiraya

آلو

ikigori

مكئى

ubwoko bw' ingano bita cotza

تئى

igiti c' ivyamwa

پهلدار درخت

imyumbati

كاساوا

ibinyantete

اناج

inzu
کھار

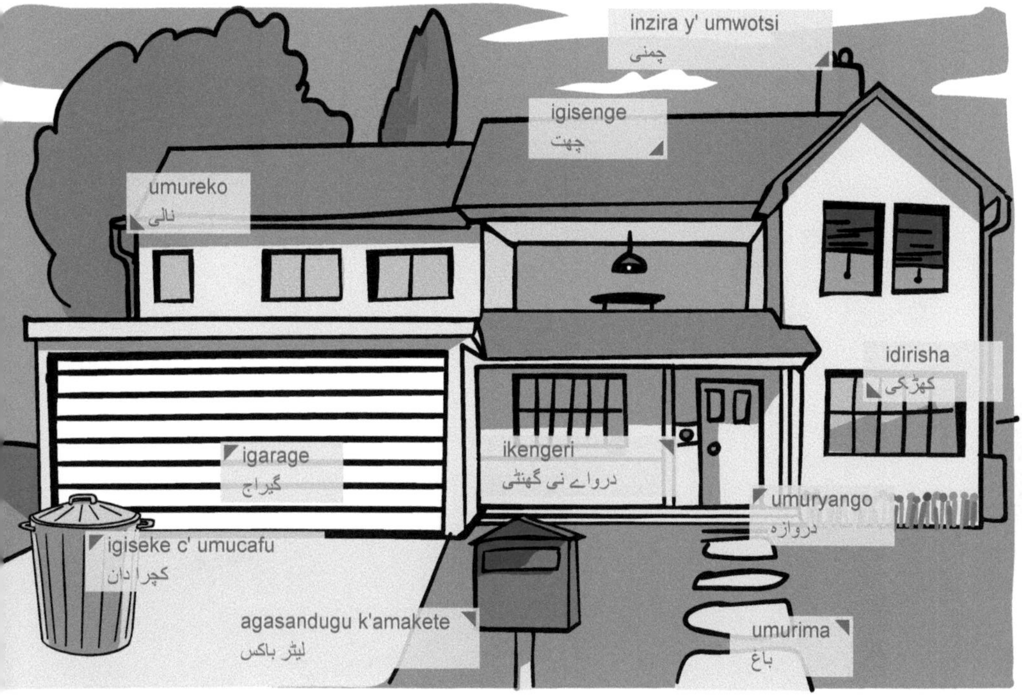
inzira y' umwotsi
چمنی
igisenge
چھت
umureko
نالی
idirisha
کھڑکی
igarage
گیراج
ikengeri
دروائے نی گھنٹی
umuryango
دروازہ
igiseke c' umucafu
کچرا دان
agasandugu k'amakete
لیٹر باکس
umurima
باغ

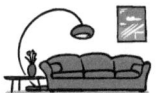

isaro

لونگ روم

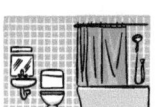

ubwogero

باتھ روم

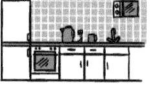

igikoni

باورچہ خانہ

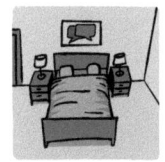

icumba co kuraramo

بیڈروم

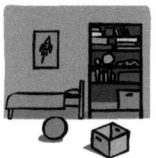

icumba c' umwana

بچیاں نا کمرہ

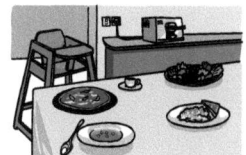

uburiro

ڈائننگ روم

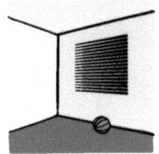

hasi

فرش

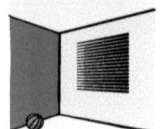

uruhome

دیوار

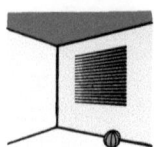

igisenge c' inzu

چھت

kave

سلہا

sauna

سوانا

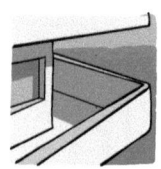

ibaraza

بالکنی

ibaraza

ٹیرس

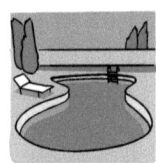

aho bogera

پول

itondezi

لان موور

igikaratasi

شیٹ

uburengeti

بیڈ سپریڈ

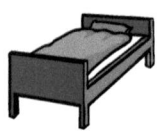

uburiri

بیڈ

umweyerezo

جھاڑو

indobo

بالٹی

akabuto

سونچ

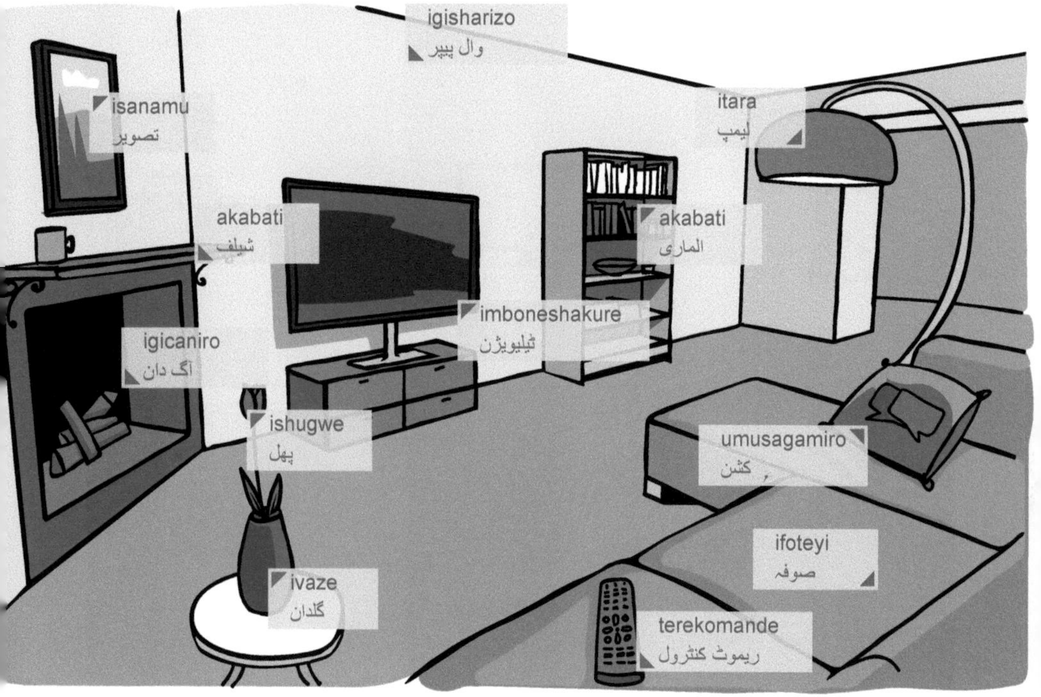

igisharizo
وال پیپر

isanamu
تصویر

itara
لیمپ

akabati
شیلف

akabati
الماری

igicaniro
آگ دان

imboneshakure
ٹیلیویژن

ishugwe
پھل

umusagamiro
کشن

ifoteyi
صوفہ

ivaze
گلدان

terekomande
ریموٹ کنٹرول

itapi

قالین

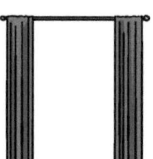

irido

پردے

ameza

میز

intebe

کرسی

intebe icundera

راکنگ چیئر

ifoteyi

آرم چیئر

igitabo

کتاب

ikirengeti

کمبل

ibitako

ڈیکوریشن

inkwi

کولے

ireresi

فلم

ivyuma vy' umuziki

بانی فانی آلات

urufunguruzo

چابی

ikinyamakuru

اخبار

gusiga amarangi

پینٹنگ

isanamu nini

پوسٹر

insamirizi

ریڈیو

ikaye ndangaminsi

نوٹ پیڈ

asipirateri

بوور

icimera bita cactus

کیکٹس

ibuji

موم بتی

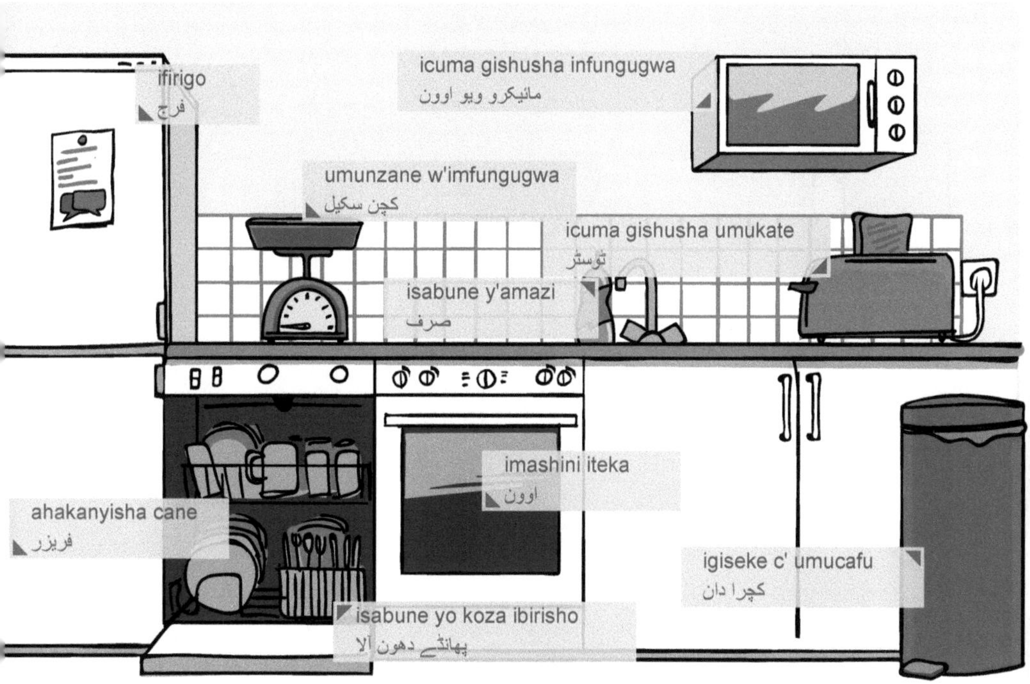

icuma gishusha infungugwa
مائیکرو ویو اوون

ifirigo
فرج

umunzane w'imfungugwa
کچن سکیل

icuma gishusha umukate
توسٹر

isabune y'amazi
صرف

imashini iteka
اوون

ahakanyisha cane
فریزر

igiseke c' umucafu
کچرا دان

isabune yo koza ibirisho
پھانٹے دھون آلا

ishiga
ـــــــــــــ
ککر

isafuriya
ـــــــــــــ
پاٹ

isafuriya y' icuma
ـــــــــــــ
کاسٹ آئرن پاٹ

ipanu bita wok
ـــــــــــــ
ووک / کدائی

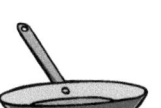

ipanu
ـــــــــــــ
پین

akuma gashusha amazi
ـــــــــــــ
کیتلی

isafuriya itekesha umuhisha

سٹیمر

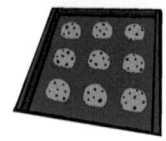

ico bakorerako imikate

بیکنگ ٹرے

ibirisho

پھانٹے

igikombe

مگا

ibakure

پیالہ

uduti two kurisha

چوپ سٹکس

icaruzo c' isupu

کرچھل

ikimamiro

اسپالی

agakubitisho

پھینٹن آلا

imashini isya ibifungurwa

چھننا

akayunguruzo

چھننی

agakatakata imfungugwa

جھاواں

agasekuro

کھان پکان آلا چمچہ

icokerezo

باربی کیو

urucaniro

چولھا

urubaho rwo gukatirako

کٹنگ بورڈ

akabaho bakoresha spageti

رولنگ پن

urupfunguzo rw'umuvinyu

کارک سکرو

agasandugu

کین

urupfunguzo
rw'agasandugu

کین کھولن آلا

ivyo gufatisha isafuriya
ishushe

پاٹ پگڑن آلا

icogerezo

سنک

uburoso

برش

ivyogesho

سپنج

imigiseri

بلینڈر

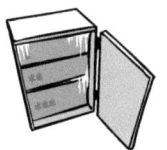

frigo nini ikanyisha cane

ڈیپ فریزر

bibero

بچے نی بوتل

ivomo

ٹوٹی

ubwogero

باتھ روم

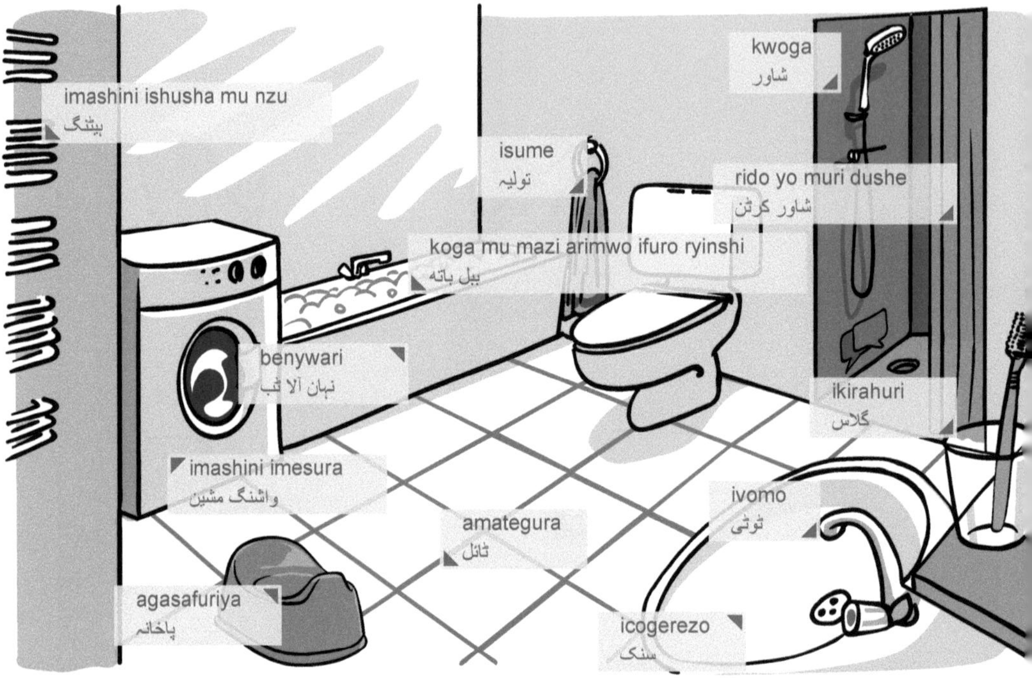

imashini ishusha mu nzu
ہیٹنگ
isume
تولیہ
kwoga
شاور
rido yo muri dushe
شاور کرٹن
koga mu mazi arimwo ifuro ryinshi
ببل باتھ
benywari
نہان آلا ٹب
ikirahuri
گلاس
imashini imesura
واشنگ مشین
ivomo
ٹوٹی
amategura
ٹائل
agasafuriya
پاخانہ
icogerezo
سنک

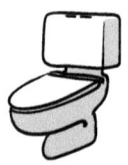

Akazu ka surwumwe

ٹوائلٹ

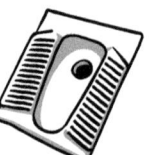

akazu ka surwumwe k'ikirundi

ٹوائلٹ

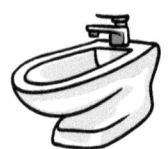

akantu gatoya bogeraho

بڈٹ

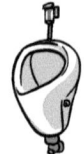

aho basoba

پیشاب

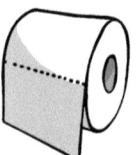

ibikaratase vyo kwi sukuza mu nzu ya surwumwe

ٹوائلٹ پیپر

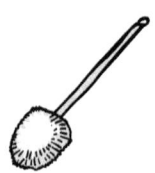

uburoso bwoza akazu ka surwumwe

ٹوائلٹ برش

umujigiti

ٹوتھ برش

umuti wo koza amenyo

ٹوتھ پیسٹ

utugozi two gusukura amenyo

ڈینٹل فلاس

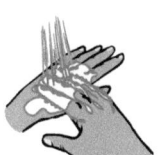

koza

دھونا

ikinyuko

ہتھ وچ پھڑن آلا شاور

ubwoko bwa dushe

شاور

ico bakarabiramo intoki

بیسن

uburoso busukura mu mugongo

بیک برش

isabune

صابن

isabuni yo kwoga

شاور جیل

shampo

شیمپو

agatambara ko kwisukura

فلالین

umuringoti

نالی

amavuta yo kwisiga

کریم

iparufe yo mu kwaha

ڈیوڈرنٹ

icirore

آئینہ

icirore

بتہ آلا شیشہ

imashini imwa ubwanwa

استرا

ifuro ryo kumwa ubwanwa

شیونگ فوم

umuti basiga aho bamoye

آفٹر سیو

igisokozo

کنگھا

uburoso

برش

akuma kumutsa umushatsi

ہئیر ڈرائر

amavuta bapuriza mu
mushatsi

ہئیر سپرے

ibikoresho vyo kwipodora

میک اپ

amavuta afise ibara yo
k'umunywa

لپ سٹک

verni y'inzara

ناخن نی وارنش

ipampa

کاٹن وول

umukasi uca inzara

ناخن کتر

iparufe

پرفیوم

agasaho k' ivyo kwisukura
ku rugendo

واش بيگ

agatebe

پاخانہ

umunzane

وزن دا پیمانہ

penywari

باتہ نی الماری

udufuko tw' intoke iyo
bakora isuku

ربر نے دستانہ

kotegisi

بفر

kotegisi

تولیہ سٹینڈ

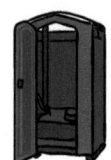

ubwoko bw'akazu ka
surwumwe

کیمیکل ٹوائلٹ

icumba c' umwana

بچیاں نا کمرہ

isaha ivyura
الارم کلاک
agakoko k' agapupe
کھڈونے
ikijuwe c' umuduga
کھڈونا گڈی
ikijuwe c' ibibondo bita hochet
ھڑھڑ
inzu badandaza amapupe
گڈی نا کھار
akaganuke
تحفہ

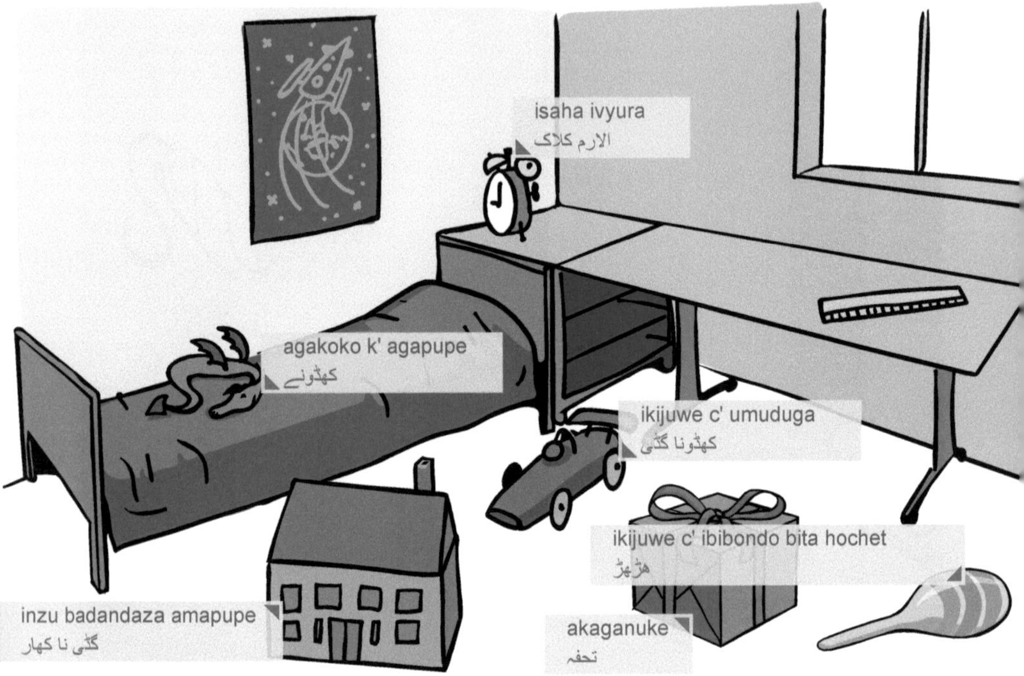

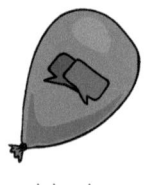

igipurizo
پھکانا

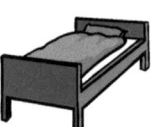

uburiri
بیڈ

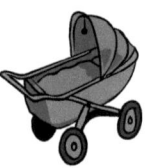

پرام

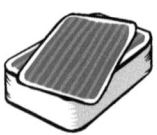

urukino rw' ikarata
تاش نے پتے

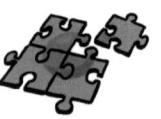

urukino bita puzile
جگ سا

SUPER MEGA

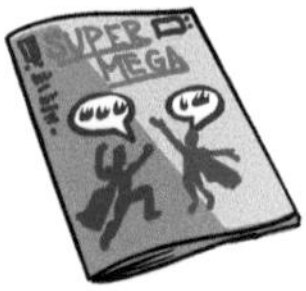

ibitabo vy' amashusho
کامک

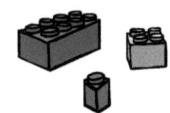

urukino bita lego

لیگو بركس

ibijuwe vyo kubaka

بلڈنگ بلاكس

ipupe

كھٹونا

impuzu yo kurarana y abana

بےبی گرو

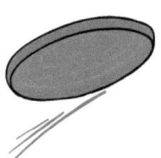

urukino bita frisbi

فرزوی

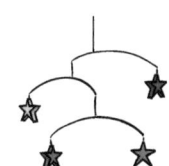

udukinisho two ku buriri bw' ibibondo

موبائل

urukino rwo kumeza

بورڈ گیم

agakinisho bita de

ڈانس

gari ya moshi z' ibikinisho

ماڈل ٹرن سیٹ

madanganya

ڈمی

umunsi mukuru

پارٹی

igitabo c' ibicapo

تصویری كتاب

umupira

گیند

igipupe

گڑی

gukina

كھیلٹنا

umusenyi abana bakiniramwo

سینڈ پٹ

uruvuma

جھولا

ikijuwe

کھڈونے

urukino nyabwonko

ویڈیو گیم کنسول

ikinga ry'amapine atatu

ٹرائی سائیکل

igikoko bita ours c 'ikijuwe

ٹیڈی بنیر

akabati k' impuzu

الماری

impuzu

کپڑے

amashesheti

جراباں

amashesheti maremare

جراباں

ubwoko bw'impuzu zifata kandi zigaruka cane

ٹائٹس

furari
سکارف

umwumvuri
چھتری

agapira kadafise amabo
ٹی شرٹ

umusipi
بیلٹ

ibirato biduga kumurundi
بوٹ

ibirato vyo mu nzu
سلیپر

ibirato vya tenis
جوگر

isandari

سینڈل

ibirato

جوتی

ingamiya

ربر نے جوتی

imwesho

انڈر وئیر

isutiye

برا

isengeri

بنیان

impuzu z' imbere

جسم

ipantaro

پاجامہ

ijinisi

جینز

ijipo

سکرٹ

agashati koroshe kabagore

برا

ishati

قمیض

umupira w' imbeho

سوینٹر

umupira w'imbeho ufise inkofero

ہوڈی

blazeri

کوٹ

ikoti

جیکٹ

ikoti rirerire

کوٹ

ikoti y'imvura

برساتی

kositime

کاسٹیوم

ikanzu

کپڑے

ikazu y'umugeni

شادی نا جوڑا

kositime

سوٹ

ikanzu yo kurarana

راتے نے کپڑے

impuzu z' ijoro

پاجامہ

imvutano z'abahindi

ساڑھی

igitambara co mu mutwe

سکارف

igitambara co mu mutwe
bita turban

پگڑی

impuzu z' abasiramukazi

برقعہ

ikanzu bita kaftan

کفتان

impuzu y' abasiramu

برقعہ

impuzu yo kogana

نہان والے کپڑے

impuzu yo kwogana
y'abagabo

انڈرونئیر

imwesho

نیکر

itereningi

ٹریک سوٹ

itaburiya

دھوتی

udufuko tw' intoke

دستانے

igifungo

بٹن

amarori

چشمہ

igikomo

بریسلیٹ

akadede

ہار

impeta

انگوٹھی

ihereni

کنٹے

inkofero

ٹوپی

porutemanto

کوٹ ہینگر

inkofero

ٹوپی

karavate

ٹائی

imashini

زپ

inkofero yo kwikingira

ہیلمٹ

imisipi

بریسز

impuzu y' ishure

سکول نی وردی

umwambaro rusangi
w'ahantu

وردی

utwo bambika ibibondo iyo birya

بب

madanganya

ٹمی

iranje

ناپی

seriveri
سرور

akabati k' ivyangombwa
فائلاں نے الماری

empirimante
پرنٹر

ekra
مانیٹر

urukaratasi
کاغذ

ameza yo kwandikirako
میز

suri
ماؤس

ico bashiramwo ivyangombwa
فولڈر

karaviye
کی بورڈ

intebe
کرسی

seke bajugunyamo amakaratasi
کچرے ن

nyabwonko
کمپیوٹر

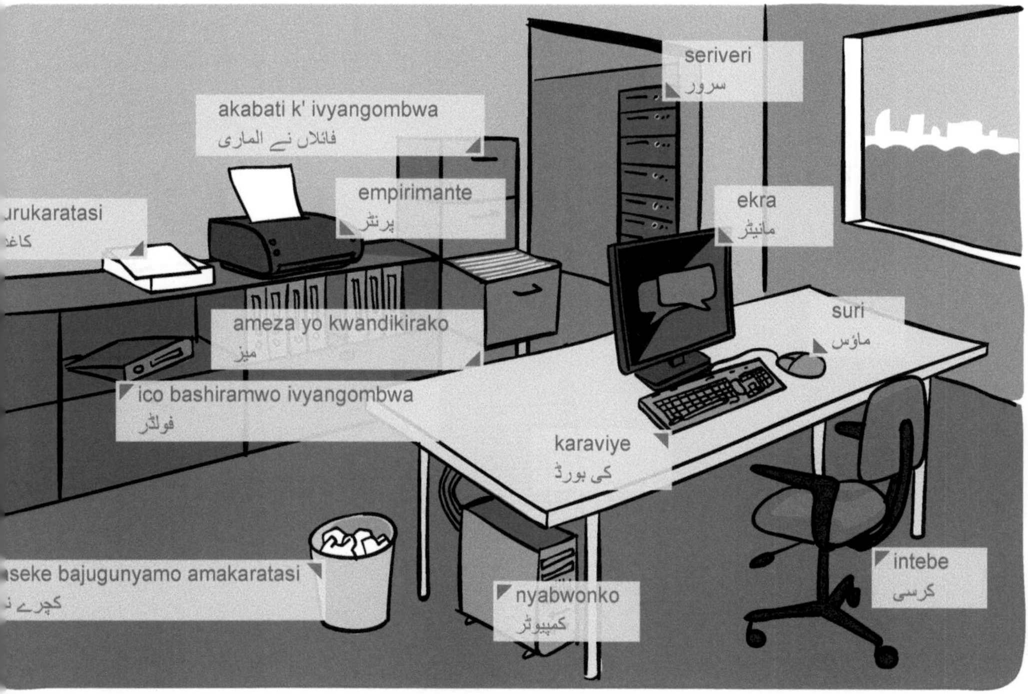

igikombe c' ikawa

کافی مگ

imashini iharura

کیلکولیٹر

ubuhinga ngurukanabumenyi
انٹرنیٹ

inyabwonko ngendanwa

لیپ ٹاپ

ikete

خط

ubutumwa

پیغام

telefoni ngendanwa

موبائل

rezo

نیٹ ورک

fotokopiyeze

فوٹو کاپیئر

rojisiyeri

سافٹ ویئر

telefoni

ٹیلیفون

purize

پلگ ساکٹ

fagisi

فکس مشین

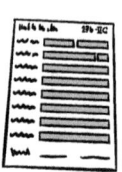

urukaratasi rwo kuzuza

فارم

icangombwa

دستاویزات

kugura

خریدنا

kuriha

ادا کرنا

kudandaza

تجارت

amahera

پیسہ

idorari

ڈالر

iyero

یورو

iyene

ین

amahera y' abarusiya

رِبل

amahera y' abasuwisi

سویس فرانک

amahera bita renmimbi yuan

رینمینبی یوان

amahera bita rupi

روپیہ

icuma gitanga amahera

کیش پوائنٹ

ku bavunjayi

ایکسچینج دفتر

inzahabu

سونا

umujumbu

چاندی

ipeteroli

تیل

inguvu

توانائی

ikiguzi

قیمت

amasezerano

معاہدہ

amakori

ٹیکس

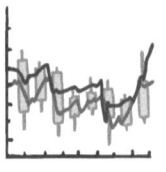

igice

سٹاک

gukora

کم

umukozi

ملازم

umukoresha

آجر

ihinguriro

فیکٹری

akaduka

بٹی

imirimo

پیشہ

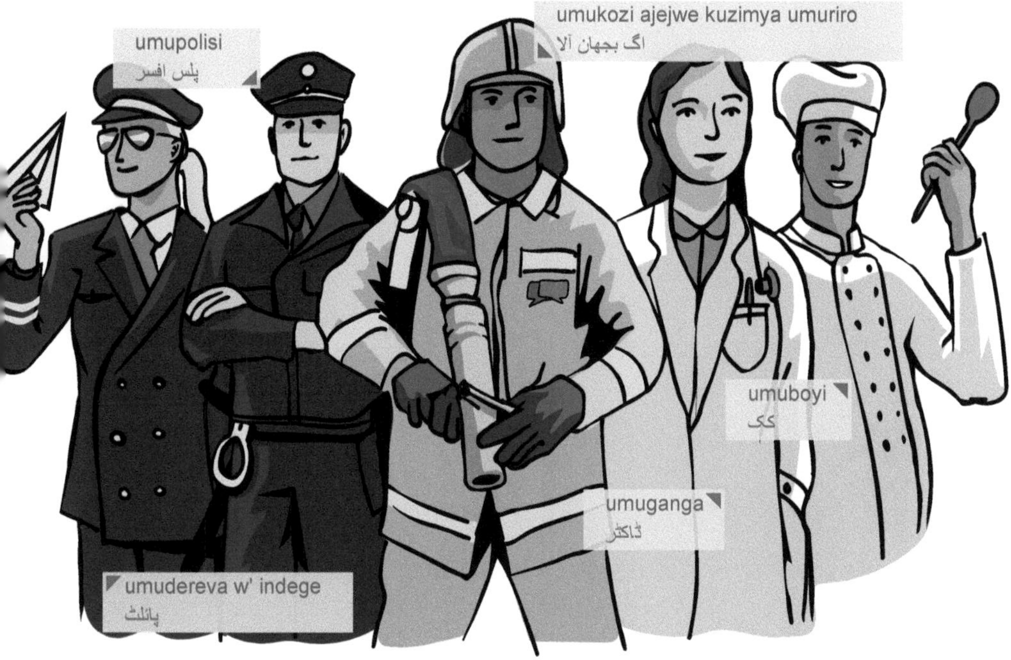

umukozi ajejwe kuzimya umuriro
اگ بجھان آلا
umupolisi
پلس افسر
umuboyi
کک
umuganga
ڈاکٹر
umudereva w' indege
پائلٹ

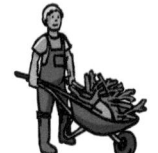

umukozi akora murikarima

مالی

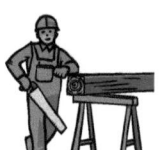

umubaji

برھئی

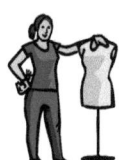

umushonyi

درزن

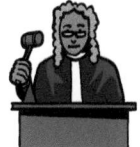

umucamanza

جج

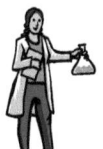

umuhinga mu vya chimie

کیمسٹ

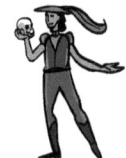

umukinyi w'amareresi

ایکٹر

umudereva w' ibisi

بس ڈرائیور

umudereva w' itagisi

ٹیکسی ڈرائیور

umurovyi

مچھیرا

umuzezwanzukazi

صفائی آلی جنانی

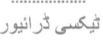

sharupantiye

روفر

umukozi wo muburiro
n'ubunywero

ویٹر

umuhigi

شکاری

umufundi w' amarangi

پینٹر

umuntu akora imikate

بیکری آلا

umufundi w' amatara

الیکٹریشن

umwubatsi

تعمیرات آلا

enjeniyeri

انجینیر

umuyangayanga

قصائی

umufundi w' amazi

پلمبر

umuparanto

پوسٹ مین

umusoda

سپاہی

umuntu acapa inyubako

آرکیٹیکٹ

umuntu yakira amahera

کیشیئر

mukozi ajejwe amashugwe

پھلاں آلا

kimyozi

نائی

kontororeri

کنڈکٹر

umufundi w' imiduga

مکینک

umudereva w' ubwato

کپتان

umuganga w' amenyo

دندان ساز

umuhinga mu vya siyansi

سائنس دان

umuhinga mu bayahudi bita rabi

ربائی

imame

امام

umuvugiramana

راہب

umuvugiramana

انگریز

ibikoresho vy' ubwubatsi

ٹولز

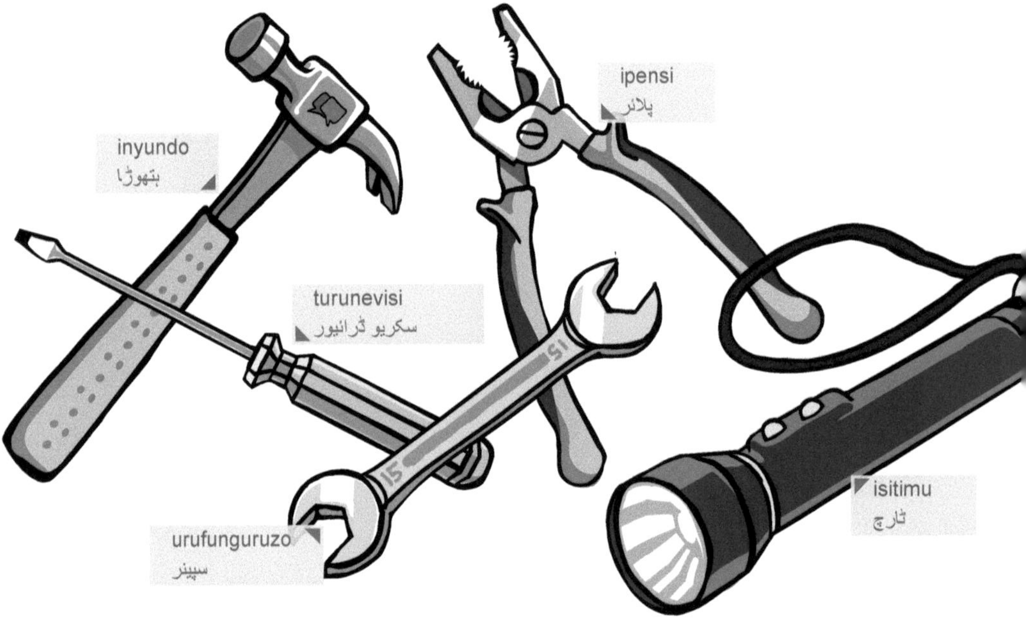

inyundo
ہتھوڑا
ipensi
پلائر
turunevisi
سکریو ڈرائیور
urufunguruzo
سپینر
isitimu
ٹارچ

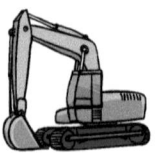

tingatinga

پھاوڑا

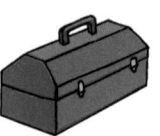

isaho y' ibikoresho

ٹول باکس

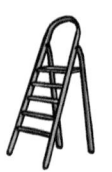

ingazi

سیڑھی

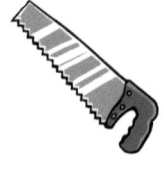

umusumeno

آری

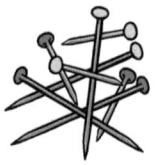

imisumari

کیل

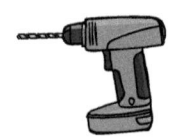

icuma bita foreuse

ڈرل

gukora

مرمت

igipawa

شاول

asyi!

لعنت!

agaterura umucafu

ٹسٹ پین

indobo y' irangi

پینٹ پاٹ

ivis

سکریوز

---

ivyuma vyo gucuraranga

موسیقی نے آلات

icuma bita Haut parleur
لاؤڈ سپیکر

icuma ca musika bita batterie
ڈرم کٹ

igitari
گٹار

icuma ca musika bita contrebasse
ڈبل بیس

icuma ca musika bita trompette
نرسنگے

icuma ca musika bita piano

پیانو

icuma ca musika bita violon

وائلن

gitare icuranga Bass

بیس

icuma ca musika bita timbale

ٹمپانی

ingoma

ڈرمز

icuma ca musika bita piano electrique

کی بورڈ

icuma ca musika bita saxophone

سیکزو فون

umwirongi

بانسری

mikoro

مائکروفون

iratiro ry' ibikoko

چڑیا کھار

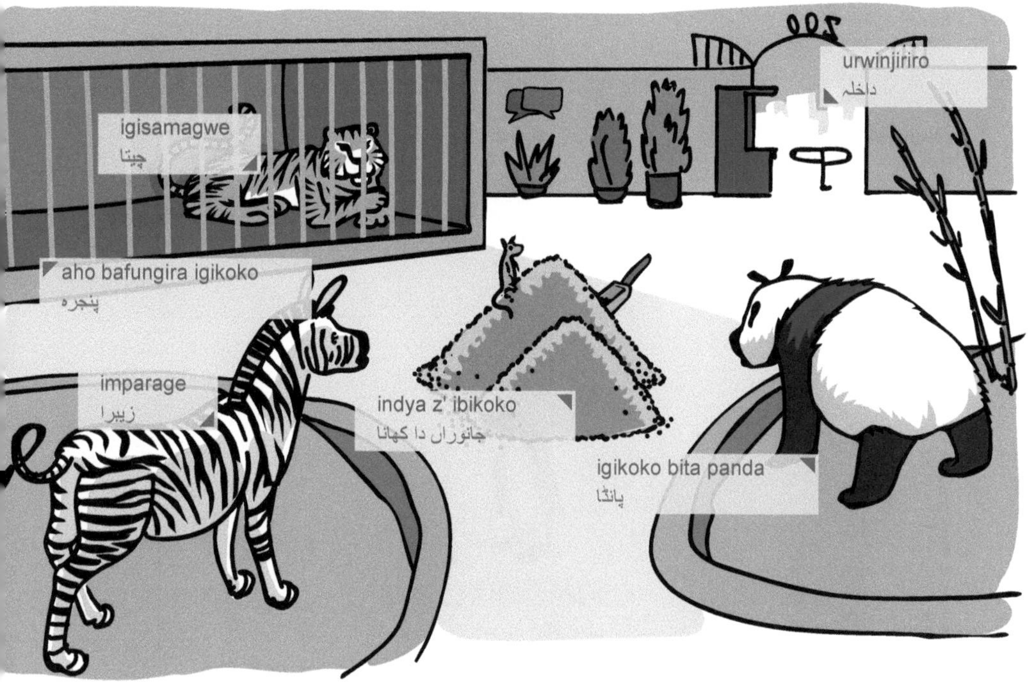
urwinjiriro
داخلہ
igisamagwe
چیتا
aho bafungira igikoko
پنجرہ
imparage
زیبرا
indya z' ibikoko
جانوراں دا کھانا
igikoko bita panda
پانڈا

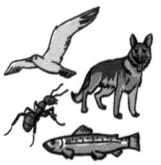

ibikoko
جانور

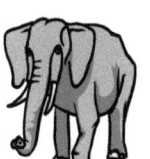

inzovu
ہاتھی

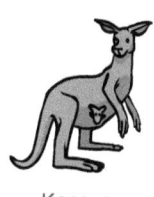

Kanguru
کینگرو

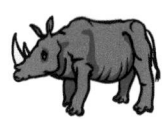

igikoko bita Rhynoceros
گینڈا

inguge
گوریلا

igikoko bita ours
ریچہ

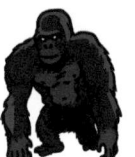

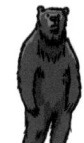

ingamiya

اونٹ

inyoni bita autriche

شترمرغ

intare

شیر

inkende

باندر

inyoni bita flamant rose

فلیمنگو

gasuku

طوطا

igikoko bita ours blanc

برفانی ریچھ

inyoni bita pinguin

پینگوئین

ifi bita requin

شارک

inyoni bita paon

مور

inzoka

سپپ

ingona

مگرمچھ

umurinzi w' iratiro ry' ibikoko

چڑیا گھر دا رکھوالا

igikoko bita phoque

سیل

igikoko bita jaguar

جیگوار

ıbwoko bw' ifarasi bita pony

پونی

ingwe

لیپرڈ

imvubu

ہپو

umusumbarembo

زرافہ

agaca

چیل

ingurube y' ishamba

نر سور

ifi

مچھی

akanyamasyo

کیچھوا

igikoko bita morse

والرس

imbwebwe

لومبڑ

ingeregere

گیزل

urukino rwa football yo muri amerika
امریکن فٹبال

ugusiganwa ku makinga
سائیکلنگ

urukino rwa tennis
ٹینس

urukino rwa basketball
باسکٹ بال

koga
سویمنگ

urukino rw' ingumu
باکسنگ

urukino rwa ice-hockey
آئس ہاکی

umupira w'amaguru
فٹبال

urukino rwa badminton
بیڈ منٹن

ubunonotsi
ایتھلیٹکس

urukino rwa handball
ہینڈ بال

urukino rwa ski
سکیننگ

urukino rwa Polo
پولو

gutwenga
بنسنا

gusimba
چھال مارنا

kugumbirana
چھپی پانا

kugenda
چلنا

kururimba
گانا گانا

kurota
خواب

gusenga
دعا

gusoma
بوسہ

kwandika	gucapa	kwereka
لکھنا	لیک لانا	وکھانا
gusuguma	gutanga	gutora
دھکا	دینا	لینا

kugira

بے وے

kugira

کرنا

kuba

ہو

guhagarara

کھیلونا

kwiruka

دوڑنا

gukwega

کھینچنا

guta

سٹنا

gutemba

ٹھینا

kurambarara hasi

جھوٹ

kurindira

انتظار

gutwara

چکنا

kwicara

بیٹھنا

kwambara

کپڑے پانا

kuryama

سونا

kuvyuka

جاگنا

kuraba

ویکھنا

kurira

رونا/چلانا

kwagaza

کٹروس

gusokoza

کنگھا

kuvuga

گل کرنا

gutahura

سمجھنا

kubaza

پوچھنا/دسنا

kumviriza

سننا

kunywa

پینا

gufungura

کھانا

gutondeka

تیار ہونا

gukunda

محبت

guteka

پکانا

gutwara

گڈی چلانا

kuguruka

اڈنا

kugira siporo bita voile

سمندری سفر

guharura

کیلکولیٹ

gusoma

پڑھنا

kwiga

سیکھنا

gukora

کم

kurongora

شادی

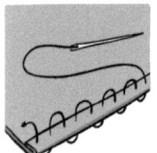

gushona

سیونا

kwijigitura

دند صاف

kwica

قتل

kunywa itabi

دھواں

kurungika

بھیجنا

umuryango
کنبہ

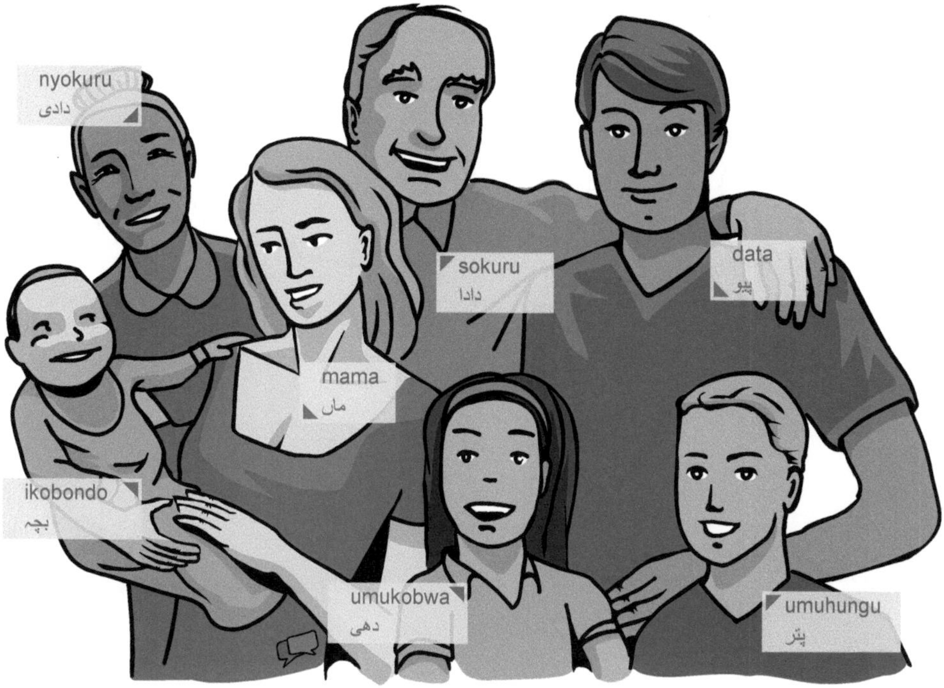
nyokuru
دادی
sokuru
دادا
data
پیو
mama
ماں
ikobondo
بچہ
umukobwa
دھی
umuhungu
پتر

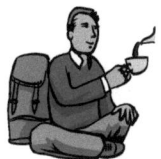

umushitsi
....
مہمان

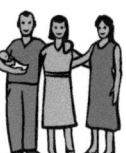

masenge
....
ماسی / پھو

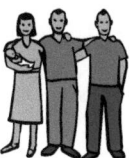

marume
....
چاچا/ماما

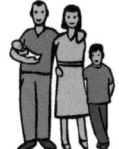

musaza w' umuntu
....
بھرا

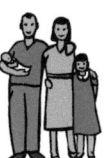

mushiki w' umuntu
....
بہن

umubiri

جسم

agahanga
متھا
ijisho
اکھ
urutugu
منڈھے
urutoki
انگلی
isura
منہ
agasakanwa
ٹھوڑی
ikiganza
ہتھ
ukuguru
لت
agatuntu
چھاتی
ukuboko
بانہ

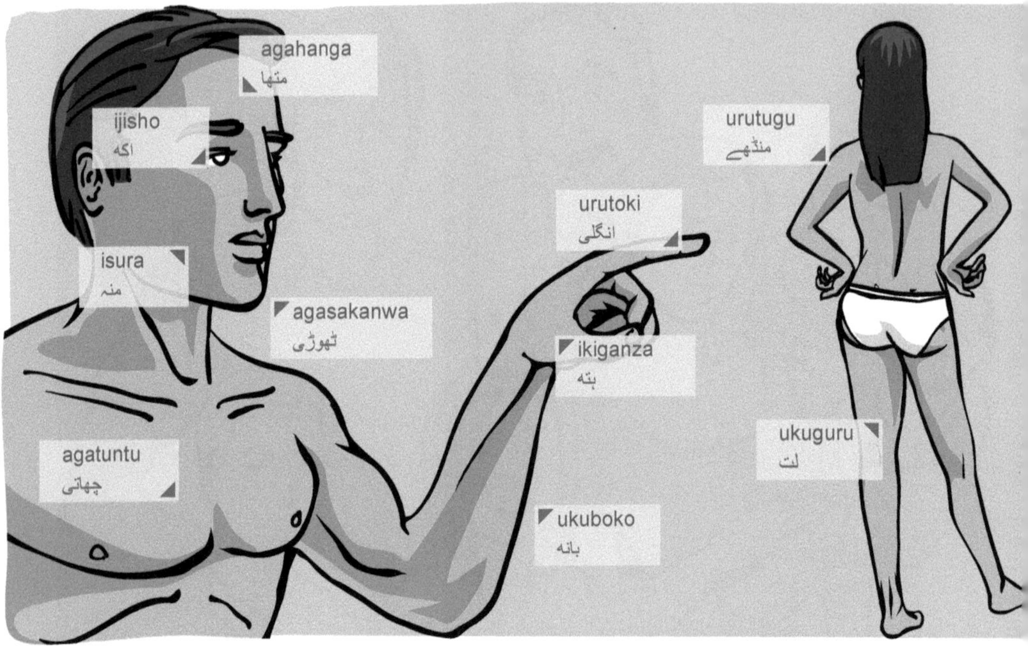

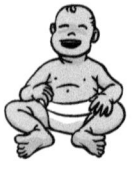

ikobondo

بچہ

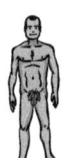

umugabo

بندہ

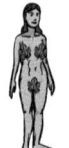

umugore

جنانی

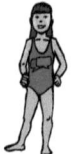

umwigeme

کڑی

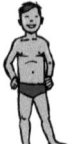

umuhungu

مڑا

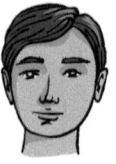

umutwe

سر

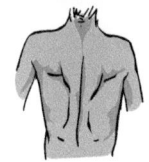

umugongo

کمر

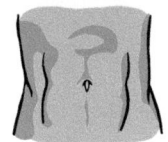

inda

تھڈ

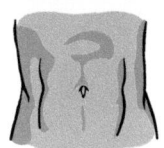

umukondo

تھنی

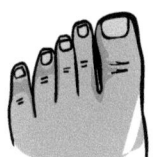

ino

پنجہ

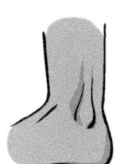

agatsintsiri

اڈی

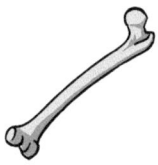

igufa

ہڈم

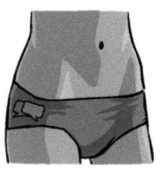

ku mafyigo

کولہے

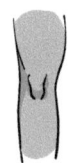

ivi

گوڈے

inkokora

کہنی

izuru

ناک

igisusu

زیر جامہ

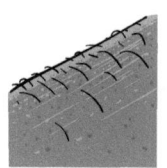

urukoba

کھل

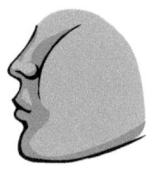

itama

گلاں

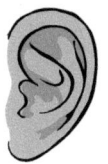

ugutwi

کن

umunwa

ہل

umunwa

منہ

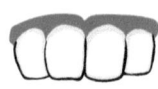

iryinyo

دند

ururimi

زبان

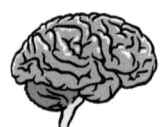

ubwonko

دماغ

umutima

دل

umutsi

پٹھے

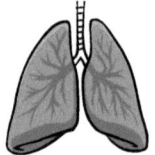

ihaha

پھیپڑے

igitigu

جگر

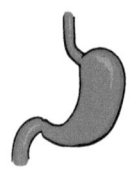

umushishito

تِھڈ

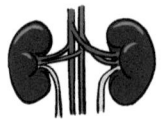

amafyigo

گردے

kurangura amabanga
y'abubatse

جنس

agapfuko

کنڈم

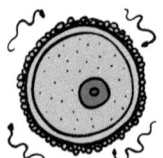

imbuto y' umugore

انڈے

imbuto y'umugabo

منی

imbanyi

حمل

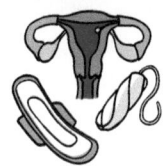

kuja mu kwezi

حيض

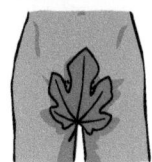

igituba

اندام نهانی

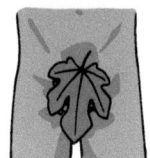

imboro

عضو تناسل

ingohe

بھوں

umushatsi

بال

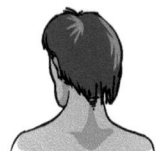

izosi

گردن

ibitaro

هسپتال

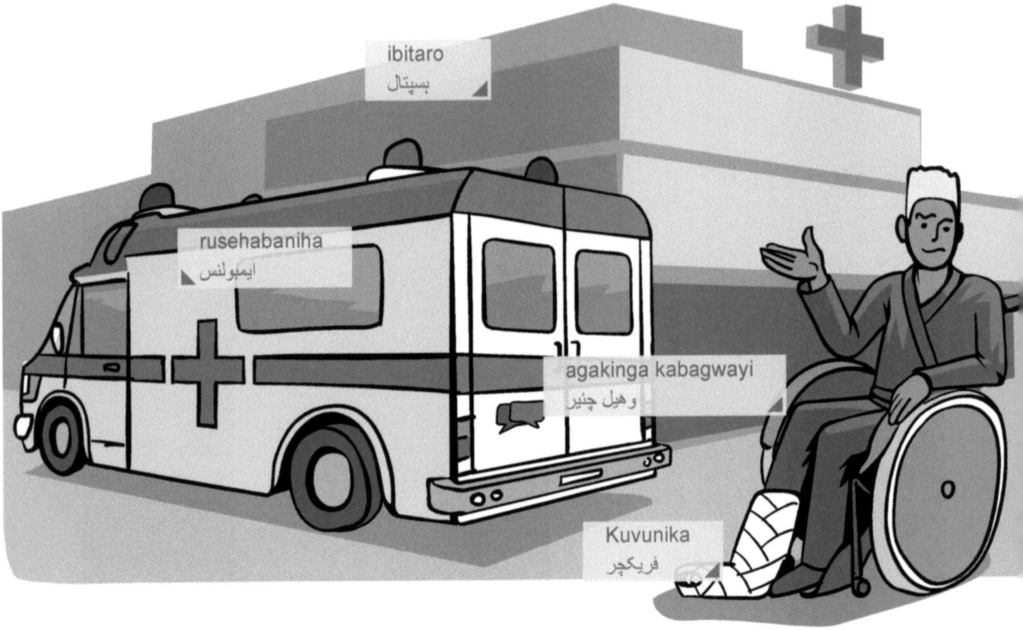

ibitaro
هسپتال
rusehabaniha
ایمبولنس
agakinga kabagwayi
وھیل چئیر
Kuvunika
فریکچر

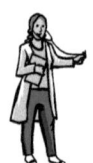

umuganga

ڈاکٹر

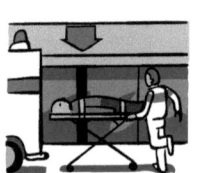

mundembe

ہنگامی کمرہ

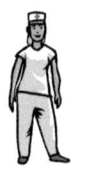

umuforomokazi

نرس

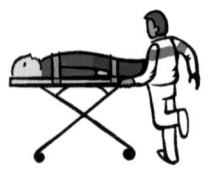

irijanse

ایمرجنسی

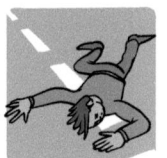

guta ubwenge

بے ہوش

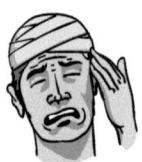

ububabare

درد

igikomere

سٹ

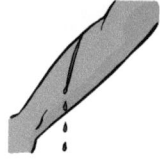

kuva amaraso

خون نکلنا

uguhagarara k' umutima

دل نا دوره

kuvira indani

فالج

guhurirwa

الرجی

inkorora

کھنگ

ubushuhe bw'umubiri

تپ

giripe

نزلہ

gucibwamwo

اسہال

kumeneka umutwe

سر درد

Kanseri

کینسر

Diyabeti

شوگر(ذیابیطس)

muganga ajejwe kubaga

سرجن

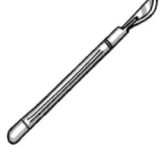

akuma ka muganga ubaga

سکیلپیل

kubagwa

آپریشن

sikaneri

سی ٹی

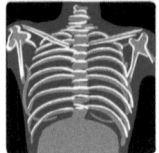

radiyogarafi

ایکسرے

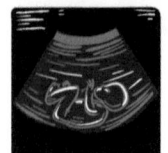

ekogarafi

الٹرا ساؤنڈ

masike

چہرے نا ماسک

indwara

بماری

aho kurindirira

انتظار گاہ

icishimikizo

بیساکھی

gufuka igikomere

پلستر

gufuka igikomere

پٹی

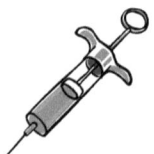

gutera urushinge

ٹیکہ

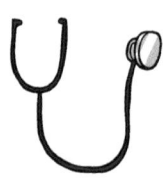

icuma cumviriza amahaha
n'umutima

سٹیتھوسکوپ

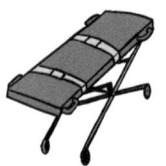

ingovyi

اسٹریچر

igipima umuriro w' umubiri

کلینکل تھرمومیٹر

kuvuka

پیدائش

umuvyibuho urengeje

زائدالوزن

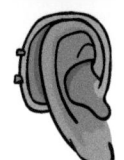

igifasha umuntu kumva neza

سنن لئی آلہ

imiti y' ibikomere

جراثیم کش

kwandura

متعدی مرض

umugera

وائرس

umugera wa sida

HIV/AIDS

ubuvuzi

دوائی

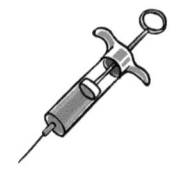

guhabwa urucanco

ویکسینیشن

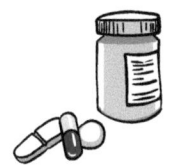

ibinini

گولیاں

ikinini mbonezamvyaro

گولی

telefone itabaza

بنگامی کال

igipima umuvuduko w' amaraso

بلڈ پریشر مانیٹر

arwaye / akomeye

بیمار / صحتمند

muntabare!

مدد!

ikengere

الارم

igitero

حمله

igitero

حمله

ibihe bikomeye

خطره

icanzo

بنگامی اخراج

umuriro!

اگ!

ikizimyamwoto

اگ بجاهن والا آله

isanganya

حادثه

isanduku y' ubutabazi

فرسٹ ایڈ کٹ

ubutabazi

SOS

igipolisi

پلس

Buraya

يورپ

Uburaruko bw' amerika

شمالی امریکہ

Ubumanuko bw' amerika

جنوبی امریکہ

Afurika

افریقہ

Aziya

ایشیاء

Ositarariya

آسٹریلیا

ibahari y' Antalantika

اٹلانٹک

ibahari ya Pasifika

پیسیفک

ibahari y' Ubuhinde

بحیرہ ہند

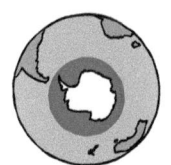

ibahari y' Antaragitika

بحیرہ انٹارکٹک

ibahari y' Aragitika

بحیرہ آرکٹیک

Uburaruko bw' umubumbe
 w' isi

قطب شمالی

Ubumanuko bw' umubumbe
w' isi
قطب جنوبی

antaragitika
انتاركتيكا

isi
زمین

isi
خشکی

ibahari
سمندر

izinga
جزیره

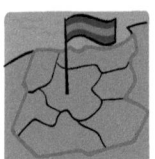

igihugu
قوم

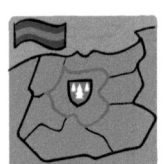

reta
ریاست

aho barabira isaha

کلاک فیس

urushinge rw' amasaha

نکی سوئی

urushinge rw' iminota

وڈی سوئی

urushinge rw' amasegonda

سیکنڈ ہینڈ

ni gihe ki?

کی ٹائم ہو یا اے؟

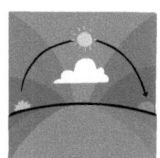

umunsi

دن

igihe

وقت

ubu nyene

ہون

isaha ya electronique

ٹیجیٹل گھڑی

umunota

منٹ

isaha

گھنٹہ

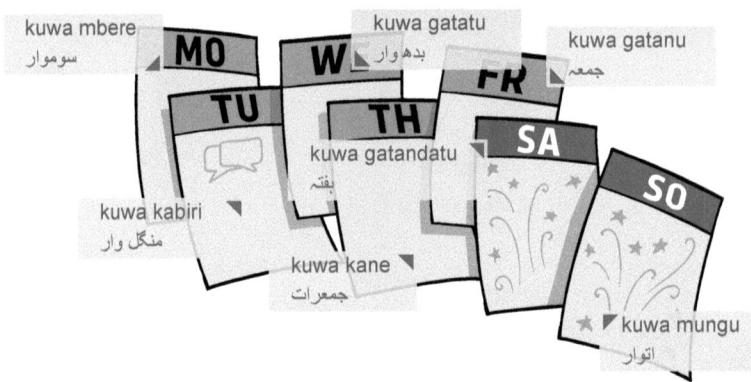

kuwa mbere
سوموار

kuwa gatatu
بدھوار

kuwa gatanu
جمعہ

kuwa gatandatu
ہفتہ

kuwa kabiri
منگل وار

kuwa kane
جمعرات

kuwa mungu
اتوار

ejo haheze

کل

ubunyene

آج

ejo hazoza

کل

mu gatondo

سویر

sasita

دوپہر

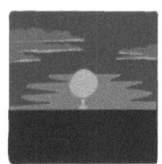

ku mugoroba

شام

MO	TU	WE	TH	FR	SA	SU
1	2	3	4	5	6	7
8	9	10	11	12	13	14
15	16	17	18	19	20	21
22	23	24	25	26	27	28
29	30	31	1	2	3	4

iminsi y' ibikorwa

کاروباری دن

weekende

ویک اینڈ

umwaka

سال

imvura
بارش
umunywamazi
رین بو
urubura
برف
umuyaga
ہوا
igihe c' umwaka bita printemps
بہار
igihe c' umwaka bita Automne
خزاں
ici
گرمی
igihe c' umwaka bita hiver
سردی

4.APRIL 11°
5.APRIL 4°
6.APRIL 13°
7.APRIL 8°
8.APRIL 10°

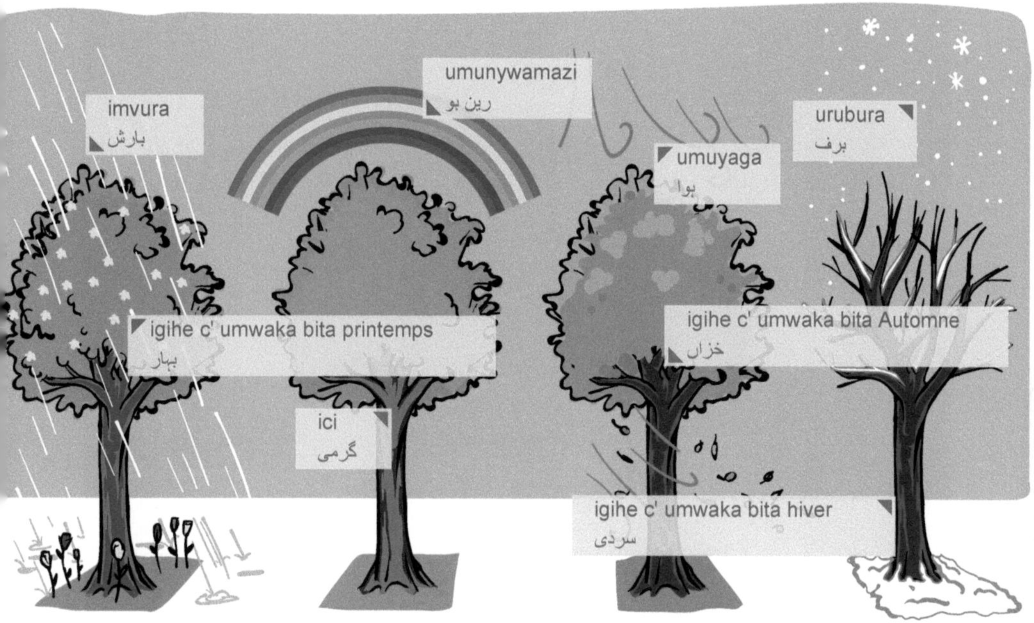

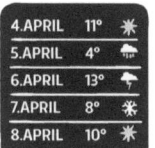

ikirangabihe

موسمی پیشگوئی

F C
120 40
90 30
60 20
30 10
0 0
-30 -10
-20

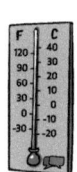

igipima ubushuhe bw' umubiri

تھرمامیٹر

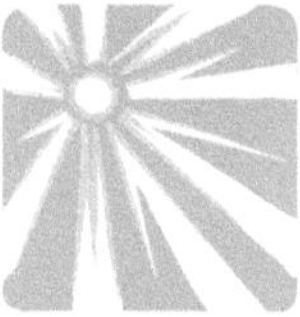

ubuseruko bw' izuba

سورج نے چمک

igicu

بدل

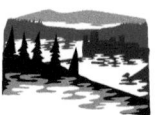

igipfungu

دھند

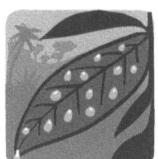

ifira

نمی

umuravyo

بجلی کڑکنا

inkuba

گرج

igihuhusi

نهیری

urubura

اولے

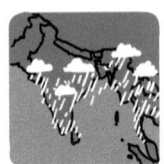

igihuhusi bita mousson

ساون

umwuzure

سیلاب

ibarafu

برف

nzero

جنوری

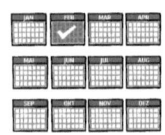

ruhuhuma

فروری

ntwarante

مارچ

ndamukiza

اپریل

rusama

مئی

ruhenshi

جون

mukakaro

جولائی

myandagaro

اگست

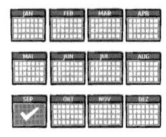

nyakanga

ستمبر

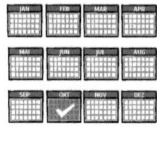

gitugutu

اکتوبر

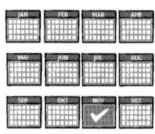

munyonyo

نومبر

migarama

دسمبر

forume geometrike

شکلاں

umuzingi

گول

ikwadarato

چوکور

urikiramende

مستطیل

inyabutatu

مثلث

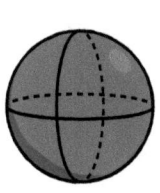

umubumbe

دائره نما

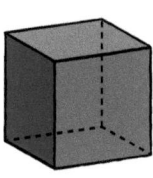

agasandugu

مکعب

ibara ryera

چٹا

ibara ry' umuhondo

پیلا

ibara risa n' umucungwe

نارنجی

ibara rya rose

گلابی

ibara ritukura

رتا

ibara rya mauve

جامنی

ibara ry' ubururu

نیلا

ibara ry'icatsi kibisi

ہرا

ibara ry' igihogo

کتھئی

ibara rya gris

سرمئی

ibara ryirabura

کالا

vyinshi / bikeyi

زیاده / گھٹ

washavuye / utekereje

ناراض / پرسکون

mwiza / mubi

خوبصورت / بدصورت

intanguriro / iherezo

ابتداء / اختتام

kinini / gitoyi

وڈا / نکا

gikeye / cijimye

روشن / نهيرا

nusaza w' umuntu / mushiki
w' umuntu

بهرا / بهن

gisukuye / gicafuye

صاف / گندا

gikwiye / gicagatiye

مکمل / نا مکمل

umunsi / ijoro

دن / رات

wapfuye / ariho

مرده / انده

cagutse / caga

چوڑا / تنگ

kiryoshe / kibishe

خوردنی / ناقابل خوردنی

umutima mubi / umutima mwiza

پهیڑا / چنگا

anezerewe / arambiwe

خوش / ناخوش

kivyibushe / conze

موٹا / پتلا

cambere / canyuma

پہلا / آخری

umugenzi / umwansi

دوست / دشمن

cuzuye / kiri gusa

بھریا / خالی

kigumye / coroshe

سخت / نرم

kiremereye / gihwahutse

بھاری / ہلکا

inzara / inyota

بھوک / پیاس

arwaye / akomeye

بیمار / صحتمند

cemewe n'amategeko / kitemewe n'amategeko

قانونی / غیر قانونی

incabwenge / ikijuju

ذہین / بیوقوف

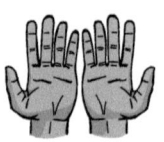

ibubamfu / iburyo

کھبا / سجا

hafi / kure

کولے / دور

gishasha / gishaje

نواں / پرانا

ntaco / kiriho

کجہ نہیں / سب کجہ

umutama / urwaruka

بڈھا / جوان

kwatsa / kuzimya

کھولنا / بند کرنا

kugurura / kugara

کھولنا / بند کرنا

gitekereje / gifise urwamo

خاموشی / شور

umutunzi / umukene

امیر / غریب

nivyo / sivyo

درست / غلط

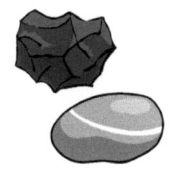

kigoramye / kigororotse

کھردرا / ہموار

ashavuye / anezerewe

افسردہ / خوش

kigufi / kirekire

نکا / لما

kigenda bukebuke /
kinyaruka

آہستہ / تیز

gitose / cumye

گیلا / خشک

gishushe buhoro / gikanye
buhoro

گرم / ٹھنڈا

intambara / amahoro

جنگ / امن

0

ubusa

صفر

1

rimwe

اک

2

kabiri

دو

3

gatatu

تن

4

kane

چار

5

gatanu

پنج

6

gatandatu

چه

7

indwi

ست

8

umunani

اته

9

icenda

نو

10

cumi

دس

11

cumi na rimwe

یاران

12
cumi na kabiri

باران

13
cumi na gatatu

تيران

14
cumi na kane

چودا

15
cumi na gatanu

پندره

16
cumi na gatandatu

سوله

17
cumi n' indwi

ستاراں

18
cumi n' umunani

اٹھاراں

19
cumi n' icenda

انیہ

20
mirongo ibiri

وی

100
ijana

سو

1.000
igihumbi

بزار

1.000.000
umuriyoni

ملین

Icongereza

انگریزی

Icongereza co muri Amerika

امریکی انگریزی

Mandare kivugwa mu bushinwa

چینی مینڈیرین

Igihinde

ہندی

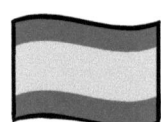

Ikispaniya

سپینش

Igifaransa

فرینچ

Icarabu

عربی

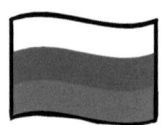

Ikirusiya

رشین

Igiporitigare

پرتگالی

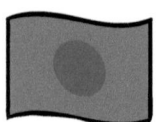

Ikibengare

بنگالی

Ikidage

جرمن

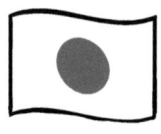

Ikiyapani

جاپانی

jewe

میں

wewe

توں

we / we / co

وہ/اوہ/ایہہ

twebwe

اسیں

mwebwe

توں

bo

او

inde?

کون؟

iki?

کی؟

gute?

کیوں؟

hehe?

کتھے؟

ryari?

کدوں؟

izina

ناں

inyuma ya

پچھے

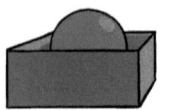

indani ya

وچ

imbere ya

نے سامنے

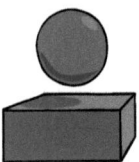

hejuru ya

تے

ku

تے

munsi ya

ہیٹ

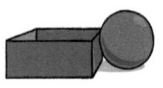

mu mbavu ya

سوا

hagati ya

مابین

ikibanza

جگہ